W0338294

Tout
Simplement...

TARTES FLAMBÉES

ÉDITIONS S.A.E.P. 68040 INGERSHEIM - COLMAR

INTRODUCTION

› La tarte flambée, ou Flammekueche, est longtemps restée cantonnée aux frontières de son Alsace natale. Introduite depuis peu sur l'ensemble du territoire français par la grande distribution et la restauration, elle rencontre un franc succès auprès des gastronomes et d'année en année s'invite de plus en plus à la table des Français.

› Ce mets traditionnel était autrefois cuisiné dans les fermes alsaciennes et tient son nom de son mode de cuisson : *Flammekueche,* en alsacien, signifie littéralement « cuisine à la flamme ». En effet, chaque semaine, avant la cuisson du pain, on testait la chaleur du four avant d'y enfourner le pain. On formait une fine galette avec une petite quantité de pâte à pain puis on la garnissait de produits de la ferme, oignons, crème fraîche, fromage blanc, lardons... On la faisait cuire ensuite dans le four à bois au milieu des braises, dont les flammes venaient lécher la tarte. Découpée en parts, elle était ensuite dégustée avec les doigts, roulée à la manière d'une crêpe et accompagnée d'un verre de schnaps.

› Par chance, la Flammekueche s'est propagée d'Alsace vers d'autres territoires. Si sa saveur et le moelleux de sa pâte ont séduit les papilles des gourmets, sa légèreté a aussi conquis tous ceux qui se soucient de leur alimentation et prisent une cuisine saine.

› La Flammekueche peut se décliner à la manière de la pizza ou de la quiche. C'est une excellente base qui permet de laisser libre cours à son imagination, à sa créativité culinaire et autorise les associations les plus audacieuses. Elle est aussi une solution simple pour les fins de semaine et les placards vides et, avec un peu d'imagination, s'adaptera facilement à ce que votre réfrigérateur aura à vous offrir.

› La tarte flambée constitue un apéritif original et peut également se déguster en entrée ou en plat principal. Dans ce dernier cas, il conviendra cependant de doubler les portions afin que les mangeurs ne restent pas sur leur faim. La salade est un accompagnement idéal, on peut en varier les saveurs en utilisant différentes variétés : laitue, frisée, roquette, mesclun, épinards...

› C'est également un dessert très apprécié qui a l'avantage d'être digeste. Ce livre vous proposera aussi quelques délicieuses recettes de tartes flambées sucrées.

RÈGLES D'OR DE LA TARTE FLAMBÉE

La tarte flambée est simple à préparer, et sa réussite ne dépend que du respect de quelques principes.

• La pâte : elle doit être étalée le plus finement possible, une épaisseur de 1,5 à 2 mm est recommandée.

Il s'agit d'une pâte « non levée », c'est-à-dire sans adjonction de levure et sans temps de repos. Elle peut être étalée dès la fin du pétrissage, ce qui constitue un gain de temps.

• La cuisson : la tarte doit être cuite à four très chaud pendant un temps très court (8 à 15 minutes selon la taille), en position basse du four afin que la pâte soit au plus près de la source de chaleur. Il convient donc de bien préchauffer son four, au moins 20 minutes, afin que la pâte et la garniture soient saisies.

• Les ingrédients : le mode de cuisson rapide implique que les ingrédients qui composent la garniture soient bien émincés, c'est-à-dire détaillés en morceaux très fins.

Cette garniture doit être légère, à la façon d'une tartine, pour ne pas surcharger la pâte ni faire échouer la cuisson.

Il est aussi possible de précuire les ingrédients ou encore d'utiliser la cuisson à blanc, c'est-à-dire cuire la pâte sans garniture puis disposer les ingrédients hors du four. Ce type de cuisson est recommandé notamment pour les tartes sucrées et spécialement pour les fruits juteux, qui risquent de détremper la pâte et de lui faire perdre son onctuosité. Autres méthodes : égoutter les fruits avant ou les faire revenir quelques minutes dans le beurre chaud.

RECOMMANDATIONS ET ASTUCES

• Surveillez toujours attentivement la cuisson de la tarte, 1 minute de trop suffit parfois à gâter le plat. La bordure de la tarte est un bon indicateur : lorsqu'elle commence à se colorer, la tarte est cuite.

Les temps de cuisson donnés dans cet ouvrage sont indicatifs car chaque four est spécifique, la cuisson varie entre un four à gaz traditionnel, un four électrique ou à chaleur tournante. Notez vos temps de cuisson pour les prochaines occasions.

Dans tous les cas, veillez à ce que la pâte, c'est-à-dire la base de la tarte, soit au plus près de la source de chaleur.

• Si vous utilisez une pâte déjà prête, respectez le temps de préchauffage du four.

Si le four n'est pas assez chaud, la tarte nécessitera un temps de cuisson plus long, les ingrédients ne seront pas saisis, risqueront de brûler et la pâte se dessèchera.

- Pour la pâte feuilletée, que vous la prépariez vous-même ou que vous utilisiez une pâte prête à l'emploi, conservez-la au frais jusqu'à son utilisation.
- Étalez toujours la pâte très finement, en donnant plusieurs tours de rouleau à pâtisserie et en tout sens pour que la répartition soit homogène.
- Travaillez sur un plan de travail fariné afin que votre pâte ne colle pas. Attention, cependant, à ne pas mettre trop de farine car la pâte se rétracterait et il serait alors difficile de l'étaler. Si vous avez eu la main un peu lourde sur la farine, corrigez en jetant en pluie un peu d'eau tiède sur la pâte. Ayez pendant cette opération un peu de farine et d'eau tiède à portée de main.

Pendant que vous abaissez, décollez régulièrement la pâte du plan de travail pour répartir la farine au-dessous.

- L'opération la plus délicate consiste à faire passer cette pâte très mince du plan de travail à la plaque sur laquelle elle va être cuite. Pour éviter que la pâte ne se déchire pendant la transition, utilisez votre rouleau à pâtisserie : enroulez la pâte autour, puis déroulez-la sur la plaque ou le moule dans lequel elle doit être cuite.
- Les bords de la tarte doivent être petits et croustillants. Pour cela, procédez en pressant le contour de la tarte pour faire remonter un peu de pâte puis retournez ce bord sur la tarte en pinçant légèrement avec les doigts. Vous pouvez également réserver un peu de pâte avant de retirer l'excès et de le rouler de la même manière.
- Pour celles et ceux qui se soucient de leur ligne, la crème fraîche peut être remplacée par un fromage blanc moins riche. Évitez l'utilisation de produits trop allégés, qui ne tiennent pas très bien à la cuisson (au minimum 30 % de matières grasses).
- Comme pour tout autre plat, utilisez des ingrédients de qualité : une farine type 55, des lardons de qualité supérieure et si possible une crème fraîche bien épaisse ainsi que des huiles de première pression à froid.

USTENSILES

Un rouleau à pâtisserie pour étaler la pâte.
Une plaque à pizza de 35 cm de diamètre pour les grandes tartes rondes.
Un mixeur pour les herbes aromatiques et certaines préparations.
Un moulin à muscade.
Une râpe pour le fromage et certains légumes.
Un petit mortier en bois pour concasser les fruits secs de type noisettes ou noix.
Un rabot à fromage, idéal pour couper les fromages à pâte dure en tranches fines.
Une spatule pour étaler les garnitures.
Une cuillère en bois pour mélanger les ingrédients.
Un fouet pour émulsionner certaines préparations, comme le sabayon, qui exigent d'être mélangées vigoureusement.
Un tamis ou une passoire à grille fine pour tamiser la farine.
Un presse-agrumes.
Une sauteuse avec un revêtement antiadhésif.
Une planche en bois et un couteau bien affûté qui vous serviront à émincer viandes, poissons, légumes et fruits.
Un pinceau pour graisser les plaques et les moules.
Un récipient supportant la chaleur et pouvant être contenu dans une casserole pour les cuissons au bain-marie (type saladier en verre à feu).

GLOSSAIRE

Abaisser : action d'aplatir une pâte pour en faire un fond de tarte.
Bain-marie : casserole remplie d'eau chaude dans laquelle on place le récipient contenant les ingrédients à cuire ou à réchauffer. Ce mode de cuisson est préconisé pour les préparations dont certains ingrédients supportent mal la chaleur, exigeant une cuisson douce et lente.
Concasser : piler grossièrement un aliment avec un mortier.
Cuire à blanc : cuire la pâte sans les ingrédients, on remplace alors la garniture par des légumes secs pour éviter que la pâte ne gonfle.
Foncer : garnir de pâte (ou d'une autre préparation) le fond d'un moule ou d'une casserole.
Tamiser : filtrer les éléments d'un mélange en utilisant une grille fine (tamis, chinois).
Travailler : mélanger, émulsionner une préparation afin de la rendre homogène.

4 PERS.
TRÈS FACILE
ÉCONOMIQUE

Pâte à pain non levée

Préparation / 15 min

1) Tamiser la farine dans un saladier. Former au centre un puits et y verser le sel et l'huile. Commencer à travailler avec les doigts en faisant tomber la farine dans le puits. Malaxer cette préparation pendant quelques minutes.

2) Ajouter l'eau peu à peu sans cesser de mélanger. Pétrir à pleines mains pendant 5 bonnes minutes, jusqu'à ce que la pâte devienne lisse et élastique. Si la pâte est collante, ajouter un peu de farine. Former une boule.

INGRÉDIENTS

› 180 G DE FARINE DE BLÉ
› 1/2 CUIL. À CAFÉ DE SEL FIN
› 2 CUIL. À SOUPE D'HUILE DE TOURNESOL OU DE COLZA (OU 4 CUIL. À SOUPE D'HUILE D'OLIVE)
› 10 CL D'EAU TIÈDE.

4 PERS.
TRÈS FACILE
ÉCONOMIQUE

Pâte brisée

Préparation / 15 min - Repos / 20 min

1) Sortir le beurre du réfrigérateur environ 20 minutes à l'avance. Le couper en petits morceaux.

2) Tamiser la farine dans un saladier. Faire un puits au milieu de la farine puis y déposer le sel et le beurre en morceaux.

3) Travailler le mélange rapidement du bout des doigts en faisant tomber la farine dans le puits.

4) Ajouter l'eau progressivement et pétrir à pleines mains jusqu'à obtenir une pâte lisse. Façonner une boule de pâte.

INGRÉDIENTS

› 90 G DE BEURRE
› 180 G DE FARINE
› UNE PINCÉE DE SEL
› 10 CL D'EAU.

4 PERS.
DIFFICILE
PEU CHER

Pâte feuilletée

Préparation / 40 min - Repos / 1 h

INGRÉDIENTS

› 180 G DE FARINE TAMISÉE
› 10 CL D'EAU
› UNE PINCÉE DE SEL
› 90 G DE BEURRE.

1) Travailler sur un plan de travail, y placer la farine en tas et creuser un puits au milieu. Verser l'eau et le sel dans le puits. Commencer à mélanger avec les doigts. Pétrir à pleine main jusqu'à obtention d'une pâte bien lisse.

2) Fariner le plan de travail et y étaler la pâte au rouleau à pâtisserie en formant un rectangle de 5 mm d'épaisseur.

3) Disposer le beurre au centre puis replier les extrémités de manière à recouvrir le beurre. Laisser reposer 15 minutes.

4) Étaler à nouveau la pâte en un rectangle vertical cette fois, puis la replier en trois.

5) Abaisser la pâte à l'horizontale puis la replier trois fois sur elle-même.

6) Les deux premiers tours sont donnés. Laisser reposer à nouveau 15 minutes.

7) Recommencer deux fois l'opération dans les deux sens en laissant reposer 15 minutes à chaque fois.

8) La pâte est prête lorsque les six tours sont donnés.

On peut donner deux tours de plus pour la rendre plus légère.

6 PERS.
FACILE
ÉCONOMIQUE

Tarte flambée alsacienne ou Flammekueche

Préparation / 25 min - Cuisson / 15 min

1) Éplucher les oignons, les couper en fines rondelles.

2) Mélanger la crème, la muscade, du sel et du poivre du moulin. Goûter et rectifier l'assaisonnement si nécessaire.

3) Sur un plan de travail légèrement fariné, étaler la pâte le plus finement possible, à l'aide d'un rouleau à pâtisserie. Former un rectangle d'environ 30 x 40 cm.

4) Avec un pinceau, huiler la plaque du four et y disposer la pâte. Enlever l'excès de pâte en conservant 5 mm de surplus. Replier le surplus de pâte pour former un rebord. Piquer le fond de tarte avec une fourchette.

5) Étaler la crème fraîche assaisonnée sur le fond de tarte. Répartir ensuite les oignons émincés et les lardons. Arroser le tout avec l'huile.

6) Placer la tarte en bas du four chaud, faire cuire pendant 12 à 15 minutes à 250 °C (th. 8-9).

Dresser sur un plat et servir chaud accompagné d'une salade verte. Pour la tarte flambée gratinée, suivre la recette ci-dessus puis répartir 150 g d'emmental râpé sur les ingrédients. Enfourner à 250 °C (th. 8-9) en position basse du four. Après 8 minutes de cuisson, remonter la tarte dans le four et passer en mode gril pour faire gratiner pendant 3 à 4 minutes.

INGRÉDIENTS

› 2 OIGNONS
› 4 CUIL. À SOUPE DE CRÈME FRAÎCHE ÉPAISSE
› 1/2 CUIL. À CAFÉ DE NOIX DE MUSCADE RÂPÉE
› 360 G DE PÂTE À PAIN (P. 8)
› 120 G DE PETITS LARDONS FUMÉS
› 1 CUIL. À SOUPE D'HUILE DE TOURNESOL OU DE COLZA
› SEL, POIVRE DU MOULIN.

6 PERS.
FACILE
PEU CHER

Tarte flambée basquaise

Préparation / 35 min - Cuisson / 55 min

1) Monder les tomates et les détailler en dés.

2) Laver et sécher le poivron et les piments. Les couper en deux, en retirer les pépins puis les couper en lanières.

3) Éplucher et hacher finement l'oignon. Piler la gousse d'ail avec un mortier.

4) Faire chauffer l'huile d'olive, ajouter l'oignon et les piments, laisser cuire 10 minutes à feu doux en remuant avec une cuillère en bois puis ajouter les tomates et l'ail. Saler et poivrer. Prolonger la cuisson sur feu doux pendant 20 minutes.

5) Dans un bol, casser et battre les œufs. Les ajouter à la préparation et cuire pendant 10 minutes supplémentaires, sans cesser de remuer. Lorsque les œufs commencent à prendre, arrêter la cuisson et réserver.

6) Couper le jambon en rectangles.

7) Sur un plan de travail légèrement fariné, étaler la pâte très finement avec un rouleau à pâtisserie, en lui donnant une forme rectangulaire. Huiler la plaque du four et y disposer la pâte. Façonner un petit rebord. Piquer le fond de tarte à la fourchette.

8) Étaler la piperade sur la pâte, saler et poivrer légèrement puis placer le jambon.

9) Enfourner 12 à 15 minutes dans le four chaud à 250 °C (th. 8-9) en position basse puis servir.

INGRÉDIENTS

› 8 TOMATES
› 1 POIVRON VERT
› 5 PETITS PIMENTS VERTS
› 1 OIGNON
› 1 GOUSSE D'AIL
› 2 CUIL. À SOUPE D'HUILE D'OLIVE
› 3 ŒUFS
› 3 TRANCHES DE JAMBON DE BAYONNE
› 4 CUIL. À SOUPE D'HUILE D'OLIVE
› 360 G DE PÂTE À PAIN À L'HUILE D'OLIVE (P. 8)
› SEL, POIVRE DU MOULIN.

4 PERS.
FACILE
CHER

Tarte flambée madrilène au chorizo et aux fèves

Préparation / 20 min - Cuisson / 30 min

1) Peler et hacher l'ail et l'oignon.

2) Dans une poêle, faire chauffer 2 cuillerées à soupe d'huile. Faire dorer l'ail et l'oignon en remuant avec une spatule en bois. Ajouter la chair de tomate et le vin blanc et laisser réduire sur feu moyen pendant 5 minutes. Incorporer les fèves à la sauce tomate, remuer avec une spatule en bois et cuire à couvert pendant 10 minutes, sur feu doux. S'il reste du jus, cuire à découvert quelques minutes supplémentaires jusqu'à évaporation du liquide.

3) Couper le chorizo en tranches fines.

4) Dans un bol, assaisonner la crème fraîche avec du sel et du poivre.

5) Fariner légèrement le plan de travail et y étaler la pâte au rouleau à pâtisserie en formant une galette d'environ 1 à 2 mm d'épaisseur. Retourner une assiette sur la pâte et avec la pointe d'un couteau, y découper un disque. Huiler la plaque du four et y déposer la galette. Plisser le contour pour obtenir un petit rebord. Piquer le fond de tarte de quelques coups de fourchette.

6) Étaler la crème fraîche, répartir les fèves à la tomate, saler, poivrer puis ajouter les tranches de chorizo. Saupoudrer de persil et arroser d'un filet d'huile d'olive.

7) Enfourner la tarte en bas du four à 250 °C (th. 8-9). Cuire pendant 10 à 12 minutes.

INGRÉDIENTS

› 1 GOUSSE D'AIL
› 1 OIGNON
› 4 CUIL. À SOUPE D'HUILE D'OLIVE
› 1 BOÎTE DE 100 G DE CHAIR DE TOMATE
› 5 CL DE VIN BLANC
› 200 G DE FÈVES FRAÎCHES PELÉES
› 1/4 DE CHORIZO
› 10 CL DE CRÈME FRAÎCHE ÉPAISSE
› 180 G DE PÂTE À PAIN À L'HUILE D'OLIVE (P. 8)
› 4 BRINS DE PERSIL CISELÉS
› SEL, POIVRE DU MOULIN.

4 PERS.
FACILE
PEU CHER

Tartes flambées créole

Préparation / 35 min - Cuisson / 40 min

1) Éplucher les pommes, les couper en quartiers, retirer le cœur et les pépins. Couper la chair en cubes. Peler et hacher l'oignon.

2) Dans une poêle, faire chauffer l'huile. Ajouter l'oignon. Laisser dorer à feu doux pendant 5 minutes en remuant régulièrement. Ajouter alors les pommes, le vinaigre, le sucre roux, la cannelle et le cumin. Saler, poivrer et mélanger avec une spatule en bois.

3) Sur feu doux, laisser cuire à couvert pendant 15 minutes. Retirer le couvercle et prolonger la cuisson sur feu moyen pendant 5 minutes en remuant de temps en temps jusqu'à ce que le liquide s'évapore. Lorsque les pommes sont cuites, les écraser grossièrement avec une fourchette et réserver.

4) Fariner légèrement le plan de travail et étaler très finement la pâte sur un plan de travail. Utiliser une assiette renversée pour découper un disque dans la pâte. Façonner ensuite un petit rebord en plissant les contours. Piquer le fond de tarte avec une fourchette.

5) Badigeonner les bords de la tarte d'œuf battu à l'aide d'un pinceau de cuisine.

6) Répartir les pommes et recouvrir de boudin coupé en tranches. Saupoudrer légèrement de piment d'Espelette. Saler et poivrer.

7) Enfourner en position basse et laisser cuire 10 à 12 minutes à 250 °C (th. 8-9).

INGRÉDIENTS

› 600 G DE POMMES
› 1 OIGNON
› 1 CUIL. À SOUPE D'HUILE DE TOURNESOL OU DE COLZA
› 2 CUIL. À SOUPE DE VINAIGRE DE CIDRE
› 1 CUIL. À SOUPE DE SUCRE ROUX
› 1 CUIL. À CAFÉ DE CANNELLE
› 1 CUIL. À CAFÉ DE CUMIN EN POUDRE
› 250 G DE PÂTE FEUILLETÉE (P. 9)
› 1 ŒUF BATTU
› 500 G DE BOUDINS ANTILLAIS
› UNE PINCÉE DE PIMENT D'ESPELETTE
› SEL, POIVRE.

6 PERS.
FACILE
CHER

Tarte flambée au foie gras

Préparation / 25 min - Cuisson / 40 min

1) Peler, laver et sécher les pommes de terre. Les couper en rondelles. Faire chauffer l'huile et les faire dorer sur feu moyen, pendant environ 20 à 25 minutes, en remuant fréquemment avec une spatule en bois. Quand les pommes de terre sont cuites, les retirer de la poêle et les réserver sur une assiette recouverte de papier absorbant.

2) Ajouter un peu d'huile dans la poêle si nécessaire et y faire revenir les oignons et les lardons pendant environ 5 minutes, toujours en remuant.

3) Sur un plan de travail fariné, abaisser la pâte très finement avec un rouleau à pâtisserie. Huiler la plaque du four et y placer la pâte. Façonner un petit rebord en plissant les contours puis piquer le fond de tarte avec une fourchette. Casser l'œuf, le battre en omelette puis à l'aide d'un pinceau, badigeonner les bords de la tarte.

4) Répartir les pommes de terre sur le fond de tarte, ajouter les oignons et les lardons. Saler et poivrer.

5) Faire cuire à 250 °C (th. 8-9), en position basse du four, pendant 12 à 15 minutes.

6) Couper le foie gras en 6 tranches. Prélever un peu de graisse de foie et la faire chauffer dans une poêle. Saisir ensuite chaque tranche des deux côtés jusqu'à ce qu'elles prennent une légère couleur blonde. Baisser le feu et prolonger la cuisson quelques secondes.

7) Disposer le foie gras chaud sur la tarte. Servir immédiatement.

INGRÉDIENTS

› 500 G DE POMMES DE TERRE
› 5 CUIL. D'HUILE (TOURNESOL OU COLZA)
› 2 OIGNONS HACHÉS
› 100 G DE LARDONS
› 360 G DE PÂTE FEUILLETÉE (P. 9)
› 1 ŒUF
› 150 G DE FOIE GRAS
› SEL, POIVRE DU MOULIN.

4 PERS.
FACILE
CHER

Tarte flambée à l'italienne

Préparation / 50 min - Cuisson / 12 min

1) Placer l'ail dans un mixeur avec les olives, les anchois, les câpres, le thym, le jus de citron et 2 cuillerées à soupe d'huile d'olive. Saler légèrement, poivrer. Mixer le tout jusqu'à obtention d'une pâte homogène.

2) Retirer le gras du jambon de Bayonne, le couper en rectangles d'environ 2 x 3 cm.

3) À l'aide d'un épluche-légumes, détailler le parmesan en petits copeaux.

4) Fariner légèrement le plan de travail. Abaisser très finement la pâte à pain avec un rouleau à pâtisserie.

5) Huiler une plaque à pizza de 35 cm de diamètre. Placer la pâte sur la plaque et retirer ce qui dépasse. Plisser le tour afin d'obtenir un petit rebord. Piquer le fond de tarte avec une fourchette. Enfourner à four chaud à 250 °C (th. 8-9) en position basse.

6) Au bout de 7 minutes, étaler la tapenade sur la pâte. Garnir avec les tomates confites puis le jambon et les feuilles de roquette. Parsemer de feuilles de basilic ciselées. Ajouter les copeaux de parmesan puis le reste d'huile d'olive.

7) Mettre à cuire encore 5 minutes.

8) Couper les olives noires en deux et en décorer la tarte, placer la roquette autour. Servir chaud.

INGRÉDIENTS

› 1 GOUSSE D'AIL DÉGERMÉE
› 80 G D'OLIVES NOIRES DÉNOYAUTÉES
› 40 G DE FILETS D'ANCHOIS
› 50 G DE CÂPRES
› 1 CUIL. À CAFÉ DE THYM
› 2 CUIL. À SOUPE DE JUS DE CITRON
› 3 CUIL. À SOUPE D'HUILE D'OLIVE
› 2 BELLES TRANCHES DE JAMBON DE BAYONNE
› 70 G DE PARMESAN
› 360 G DE PÂTE À PAIN À L'HUILE D'OLIVE (P. 8)
› 60 G DE TOMATES CONFITES
› 50 G DE ROQUETTE
› 4 BRANCHES DE BASILIC
› SEL, POIVRE.

POUR LA DÉCORATION :
› 6 OLIVES NOIRES
› 50 G DE ROQUETTE.

6 PERS.
FACILE
CHER

Tarte flambée forestière

Préparation / 35 min - Cuisson / 25 min

1) Laver soigneusement les girolles après avoir retiré les bouts terreux. Les fendre en deux, dans le sens de la longueur.

2) Placer une sauteuse sur la plaque de cuisson à feu moyen, verser 2 cuillerées à soupe d'huile, faire tourner la sauteuse pour répartir l'huile. Ajouter les girolles et laisser cuire pendant 10 minutes. Remuer régulièrement avec une cuillère en bois. Lorsque les girolles sont tendres, éteindre le feu.

3) Sur une planche, à l'aide d'un couteau bien aiguisé, détailler le blanc de poulet en très fines lamelles.

4) Mélanger la crème, la noix de muscade, du sel et du poivre. Hacher finement les herbes.

5) Placer la pâte à pain sur un plan de travail très légèrement fariné. Étaler la pâte le plus finement possible à l'aide d'un rouleau à pâtisserie.

6) Huiler une plaque à pizza d'environ 35 cm de diamètre. Étendre la pâte sur la plaque. Retirer l'excès de pâte et façonner un petit rebord d'environ 5 mm. Donner quelques coups de fourchette dans la pâte pour le percer.

7) Étaler la crème sur le fond de tarte, recouvrir avec les champignons puis ajouter les lamelles de poulet et les herbes hachées. Saler, poivrer et arroser du reste d'huile.

8) Enfourner pendant 12 à 15 minutes à four chaud à 250 °C (th. 8-9), en position basse.

INGRÉDIENTS

› 350 G DE GIROLLES
› 3 CUIL. À SOUPE D'HUILE DE TOURNESOL OU DE COLZA
› 200 G DE BLANC DE POULET
› 20 CL DE CRÈME FRAÎCHE ÉPAISSE
› 1/2 CUIL. À CAFÉ DE NOIX DE MUSCADE RÂPÉE
› 5 BRINS DE CIBOULETTE
› 5 BRINS DE PERSIL
› 360 G DE PÂTE À PAIN (P. 8)
› SEL, POIVRE DU MOULIN.

6 PERS.
FACILE
CHER

Tarte flambée au magret de canard

Préparation / 30 min - Cuisson / 1 h 15 min

1) Peler les oignons et les émincer.

2) Presser le citron.

3) Dans une casserole, mélanger les oignons avec le jus de citron et le vinaigre de cidre. Ajouter le sucre et le gingembre. Saler, poivrer et remuer avec une cuillère en bois. Faire cuire lentement à feu doux pendant 1 heure en remuant de temps en temps.

4) Couper le magret en tranches fines.

5) Disperser un peu de farine sur le plan de travail et y étaler la pâte très finement, avec un rouleau à pâtisserie, en formant un cercle. Placer la pâte sur une plaque à pizza préalablement huilée. Piquer le fond de tarte avec une fourchette. Répartir le chutney d'oignons en laissant un bord libre de 1 cm. Saler et poivrer.

6) Enfourner pendant 8 à 10 minutes en position basse du four, à 250 °C (th. 8-9).

7) Sortir la tarte du four, ajouter les tranches de magret et faire cuire encore 5 minutes.

Servir agrémenté d'une salade verte à l'huile de noix et au vinaigre de cidre.

INGRÉDIENTS

› 500 G D'OIGNONS
› 1 CITRON
› 15 CL DE VINAIGRE DE CIDRE
› 60 G DE SUCRE EN POUDRE
› 1/2 CUIL À CAFÉ DE GINGEMBRE EN POUDRE
› 1/2 MAGRET DE CANARD
› 360 G DE PÂTE À PAIN (P. 8)
› HUILE
› SEL, POIVRE DU MOULIN.

4 PERS.
TRÈS FACILE
PEU CHER

Tarte flambée au pistou et au bacon

Préparation / 25 min - Cuisson / 12 min

1) Détacher les feuilles de basilic de leur tige. Les laver et les sécher soigneusement.

2) Peler les gousses d'ail.

3) Mixer ensemble le basilic, les gousses d'ail, le parmesan et l'huile d'olive jusqu'à obtenir une pâte onctueuse.

4) Couper les tranches de bacon en rectangles.

5) Étaler un peu de farine sur le plan de travail et y abaisser la pâte. Lorsque la pâte est assez fine, renverser une assiette dessus et avec la pointe d'un couteau, découper un disque en suivant les contours de l'assiette. Plisser les bords pour faire un petit rebord. Piquer la pâte, à plusieurs endroits, avec une fourchette. Placer le fond de tarte sur la plaque du four préalablement huilée.

6) Tartiner la pâte de sauce au basilic, puis ajouter le bacon et enfin les pignons. Saler et poivrer.

7) Enfourner en bas de four chaud à 250 °C (th. 8-9), pendant 10 à 12 minutes.

INGRÉDIENTS

› 60 G DE BASILIC
› 4 GOUSSES D'AIL
› 125 G DE PARMESAN
› 20 CL D'HUILE D'OLIVE
› 3 TRANCHES FINES DE BACON
› 180 G DE PÂTE À PAIN À L'HUILE D'OLIVE (P. 8)
› 30 G DE PIGNONS DE PIN
› SEL, POIVRE.

4 PERS.
TRÈS FACILE
ÉCONOMIQUE

Tarte flambée à la mode strasbourgeoise

Préparation / 35 min - Cuisson / 12 min

1) Couper les saucisses en rondelles.

2) Laver et sécher les petits oignons verts, couper la racine et les détailler en rondelles.

3) Peler et hacher l'échalote.

4) Dans un bol, mélanger le fromage blanc, avec le vinaigre de xérès, la moutarde forte, du sel et du poivre.

5) Fariner un plan de travail et étaler la pâte à l'aide d'un rouleau à pâtisserie, jusqu'à ce qu'elle soit très fine (1,5 mm environ).

6) Retourner une assiette sur la pâte et avec un couteau, découper un disque tout autour. Huiler la plaque du four et y placer la pâte. Froncer légèrement les bords de la tarte. Piquer la pâte avec une fourchette.

7) Étaler sur la pâte la préparation à la moutarde puis les échalotes, les saucisses et saupoudrer d'oignon vert. Saler et poivrer.

8) Mettre à cuire pendant 10 à 12 minutes à 250 °C (th. 8-9), en bas du four chaud.

Servir chaud avec une salade croquante.

INGRÉDIENTS

› 2 SAUCISSES DE STRASBOURG
› 2 PETITS OIGNONS VERTS
› 1 ÉCHALOTE
› 2 CUIL. À SOUPE DE FROMAGE BLANC
› 1 CUIL. À SOUPE DE VINAIGRE DE XÉRÈS
› 1 CUIL. À SOUPE DE MOUTARDE FORTE
› 180 G DE PÂTE À PAIN (P. 8)
› SEL, POIVRE.

6 PERS.
FACILE
PEU CHER

Tarte flambée tandoori

Préparation / 35 min - Repos : 4 h - Cuisson / 30 min

1) Mélanger le jus de citron, le yaourt, la pâte tandoori et la gousse d'ail pilée. Remuer. Placer les morceaux de poulet dans la marinade et mélanger soigneusement. Couvrir d'un film plastique et placer au réfrigérateur 3 heures.

2) Détailler les aubergines en cubes. Les mettre dans une passoire avec 1 cuillerée à soupe de sel fin. Laisser dégorger 1 heure.

3) Égoutter puis essuyer le sel avec du papier absorbant.

4) Dans une poêle, faire chauffer l'huile d'olive. Ajouter les aubergines, saler, poivrer puis faire sauter 10 minutes environ, sur feu moyen. Remuer fréquemment. Éteindre le feu et égoutter les légumes sur du papier absorbant.

5) Huiler une plaque à pizza. Répartir un peu de farine sur le plan de travail et y étaler la pâte à pain le plus finement possible à l'aide d'un rouleau à pâtisserie. Placer la pâte sur la plaque à pizza. Ôter une partie du surplus de pâte et, avec le reste, former un petit rebord. Piquer le fond de tarte avec une fourchette.

6) Sortir le poulet mariné du réfrigérateur, prélever 2 cuillerées à soupe de sauce tandoori. Étaler cette préparation sur le fond de tarte. Ajouter l'oignon puis les aubergines. Disposer les lanières de poulet mariné. Parsemer de coriandre hachée et de cumin. Saler et poivrer.

7) Enfourner 12 à 15 minutes à 250 °C (th. 8-9), en bas du four.

8) Faire revenir les noix de cajou dans une poêle chaude, sans matière grasse, pendant 2 à 3 minutes. En parsemer la tarte avant de servir.

INGRÉDIENTS

› LE JUS DE 1 CITRON
› 1 YAOURT BRASSÉ
› 1 CUIL. À SOUPE DE PÂTE TANDOORI
› 1 GOUSSE D'AIL
› 300 G DE BLANCS DE POULET EN FINES LAMELLES
› 2 AUBERGINES
› 3 CUIL. À SOUPE D'HUILE
› 360 G DE PÂTE À PAIN (P. 8)
› 1 GROS OIGNON EN FINES RONDELLES
› 6 BRINS DE CORIANDRE
› UNE PINCÉE DE CUMIN EN POUDRE
› 100 G DE NOIX DE CAJOU
› SEL, POIVRE DU MOULIN.

6 PERS.
TRÈS FACILE
PEU CHER

Tartiflette flambée

Préparation / 25 min - Cuisson / 40 min

1) Laver les pommes de terre. Les faire cuire avec leur peau, dans de l'eau bouillante salée, pendant 20 à 25 minutes.

2) Dans un saladier, assaisonner la crème fraîche avec du sel, du poivre et la muscade.

3) Peler et émincer finement les oignons. Peler le reblochon et le couper en tranches fines.

4) Lorsque les pommes de terre sont cuites, les égoutter et les laisser refroidir. Les peler puis les râper avec une râpe à gros trous.

5) Étaler un peu de farine sur le plan de travail. Avec un rouleau à pâtisserie, façonner une galette très fine d'environ 2 mm d'épaisseur. Huiler une plaque à pizza de 35 cm de diamètre et y placer la pâte. Plisser les contours pour former un rebord. Avec une fourchette, percer le fond de tarte de plusieurs petits trous.

6) Répartir la crème fraîche sur la pâte puis disposer dans l'ordre les oignons, les pommes de terre râpées et les lardons. Recouvrir des tranches de reblochon. Saler, poivrer et arroser de vin blanc.

7) Faire cuire, en bas du four, à 250 °C (th. 8-9) pendant 12 à 15 minutes.

INGRÉDIENTS

- 400 G DE POMMES DE TERRE
- 20 CL DE CRÈME FRAÎCHE
- UNE PINCÉE DE NOIX DE MUSCADE RÂPÉE
- 2 OIGNONS
- 1/4 DE REBLOCHON
- 360 G DE PÂTE À PAIN (P. 8)
- 80 G DE PETITS LARDONS FUMÉS
- 4 CL DE VIN BLANC SEC
- SEL, POIVRE DU MOULIN.

4 PERS.
FACILE
PEU CHER

Tarte flambée aux asperges et au crabe

Préparation / 25 min - Cuisson / 20 min

1) Dans une poêle, faire fondre le beurre à feu doux puis ajouter la chair de crabe et le cognac. Remuer avec une cuillère en bois et laisser cuire doucement pendant 5 minutes. Incorporer la crème et la bisque de homard. Saler, poivrer puis mélanger. Prolonger la cuisson pendant 2 à 3 minutes supplémentaires, sur feu moyen. Éteindre le feu.

2) Dans une passoire, égoutter les asperges vertes.

3) Laver, sécher l'aneth et la roquette. Hacher finement l'aneth.

4) Fariner légèrement le plan de travail puis, avec un rouleau à pâtisserie, abaisser la pâte à pain jusqu'à ce qu'elle soit très fine. Retourner sur la pâte une assiette et, avec la pointe d'un couteau, découper un disque. Huiler la plaque du four et y déposer le fond de tarte. Façonner un petit bourrelet en plissant le pourtour. Percer la pâte de quelques trous de fourchette.

5) Répartir la préparation au crabe puis disposer les asperges en étoile. Saler, poivrer et saupoudrer d'aneth haché.

6) Faire cuire pendant 10 à 12 minutes à 250 °C (th. 8-9) en position basse du four chaud.

7) Sortir la tarte du four et la placer sur un plat. Disposer la roquette tout autour.

INGRÉDIENTS

› 15 G DE BEURRE
› 125 G DE CHAIR DE CRABE EN BOÎTE
› 1 CUIL. À SOUPE DE COGNAC
› 1 CUIL. À SOUPE DE CRÈME FRAÎCHE
› 2 CUIL. À SOUPE DE BISQUE DE HOMARD
› 100 G DE PETITES ASPERGES VERTES EN BOCAL
› 2 CUIL. À CAFÉ D'ANETH
› 40 G DE ROQUETTE
› 180 G DE PÂTE À PAIN (P. 8)
› SEL, POIVRE.

4 PERS.
FACILE
PEU CHER

Tartelettes fines aux fruits de mer

Préparation / 30 min - Cuisson / 17 min

1) Placer les moules dans une cocotte. Couvrir et faire ouvrir à feu vif pendant environ 7 minutes. Trier les coquillages, jeter tous ceux qui ne se sont pas ouverts à la cuisson. Retirer les moules de leurs coquilles et réserver.

2) Décortiquer les crevettes, en retirer la tête et la queue.

3) Dans un bol, mélanger la crème, le vin blanc et le tarama, saler et poivrer.

4) Séparer les feuilles de persil de leurs branches. Les laver, les sécher puis les hacher finement. Râper le comté.

5) Répartir un peu de farine sur le plan de travail et y abaisser la pâte très finement avec un rouleau à pâtisserie. Retourner un bol sur la pâte et, avec la pointe d'un couteau, découper 4 disques d'environ 14 cm de diamètre. Huiler la plaque du four et y placer les fonds de tarte. Rouler les contours de chaque tartelette pour former un rebord. Battre l'œuf en omelette et en badigeonner les bords.

6) Répartir la préparation à base de tarama sur chacun des fonds de tartelette, ajouter ensuite les moules puis les crevettes. Saler, poivrer, ajouter le persil haché et parsemer de fromage râpé.

7) Faire cuire pendant 8 à 10 minutes à 250 °C (th. 8-9), en plaçant les tartelettes en position basse du four. Surveiller la cuisson et sortir les tartelettes du four quand les bords commencent à dorer.

INGRÉDIENTS

› 500 G DE MOULES
› 100 G DE PETITES CREVETTES ROSES
› 2 CUIL. À SOUPE DE CRÈME FRAÎCHE ÉPAISSE
› 2 CL DE VIN BLANC SEC
› 1 CUIL. À SOUPE DE TARAMA
› 6 BRINS DE PERSIL
› 75 G DE COMTÉ
› 250 G DE PÂTE BRISÉE (P. 8)
› 1 ŒUF
› SEL, POIVRE DU MOULIN.

6 PERS.
TRÈS FACILE
PEU CHER

Tarte fine au saumon fumé et à la fleur de sel

Préparation / 20 min - Cuisson / 12 à 15 min

1) Avec un moulin à poivre, moudre les baies roses.

2) Dans un bol, mélanger le fromage frais avec l'aneth, la fleur de sel et les baies roses. Goûter et rectifier l'assaisonnement si nécessaire.

3) Couper le saumon en lanières.

4) Sortir la pâte feuilletée du réfrigérateur. Fariner légèrement le plan de travail et y étaler la pâte avec un rouleau à pâtisserie jusqu'à obtention d'un fine galette.

5) Huiler une plaque à pizza de 35 cm de diamètre et y placer la pâte. En retirer l'excès et faire remonter la pâte sur les côtés pour obtenir un petit rebord. Donner quelques coups de fourchette dans le fond de tarte.

6) Casser l'œuf et le battre en omelette. En badigeonner les bords de la tarte.

7) Poser une feuille de papier sulfurisé sur la pâte et remplir de légumes secs (haricots, lentilles...) pour cuire à blanc sans que la pâte ne gonfle. Enfourner à 250 °C (th. 8-9) pour 12 à 15 minutes, en position basse du four.

8) Sortir la tarte du four, laisser refroidir.

9) Étaler le fromage frais à l'aneth puis garnir de lanières de saumon.

Servir à l'apéritif ou en entrée accompagnée de roquette ou de mesclun.

INGRÉDIENTS

› BAIES ROSES
› 7 BRINS D'ANETH CISELÉS
› 150 G DE FROMAGE FRAIS À TARTINER
› 3 TRANCHES DE SAUMON FUMÉ
› 360 G DE PÂTE FEUILLETÉE (P. 9)
› 1 ŒUF
› UNE PINCÉE DE FLEUR DE SEL.

6 PERS.
TRÈS FACILE
ÉCONOMIQUE

Tarte flambée au thon

Préparation / 25 min - Cuisson / 15 min

1) Éplucher l'oignon et le couper en fines rondelles.

2) Dans un bol, mélanger la crème fraîche avec la moutarde forte, du sel et du poivre.

3) Ouvrir la boîte de thon et l'égoutter dans une passoire. Si le thon n'est pas en miettes, l'écraser soigneusement avec une fourchette.

4) Laver et sécher les tomates. Retirer les extrémités puis les détailler en rondelles fines.

5) Fariner légèrement un plan de travail et, à l'aide d'un rouleau à pâtisserie, étaler la pâte le plus finement possible. Huiler une plaque à pizza et y placer la pâte. Façonner de petits rebords tout autour en plissant les contours du bout des doigts. Percer la pâte à plusieurs endroits, avec une fourchette.

6) Étaler alors la crème avec une spatule en bois, répartir les oignons puis les rondelles de tomate puis les miettes de thon. Saler et poivrer. Saupoudrer d'herbes de Provence.

7) Mettre au four à 250 °C (th. 8-9) et laisser cuire 12 à 15 minutes, à four chaud et en position basse.

INGRÉDIENTS

› 1 OIGNON
› 4 CUIL. À SOUPE DE CRÈME FRAÎCHE ÉPAISSE
› 2 CUIL. À CAFÉ DE MOUTARDE FORTE
› 130 G DE THON EN BOÎTE
› 2 TOMATES MOYENNES
› 360 G DE PÂTE À PAIN À L'HUILE D'OLIVE (P. 8)
› 2 CUIL. À SOUPE D'HUILE D'OLIVE
› 1 CUIL. À SOUPE D'HERBES DE PROVENCE
› SEL, POIVRE.

6 PERS.
FACILE
CHER

Flamiche flambée aux noix de Saint-Jacques

Préparation / 25 min - Cuisson / 45 min

1) Couper les racines des poireaux ainsi que les deux tiers du vert. Retirer les feuilles abîmées. Détailler les poireaux en rondelles et les laver soigneusement afin d'en retirer la terre.

2) Dans une poêle, verser l'huile d'olive. Lorsqu'elle est suffisamment chaude, y placer les poireaux et les faire revenir à feu moyen, pendant environ 10 minutes, à découvert. Remuer régulièrement. Ajouter le curry, du sel et du poivre, mélanger. Verser dans la poêle un demi-verre d'eau et remuer à nouveau. Prolonger la cuisson pendant 20 minutes jusqu'à ce que l'eau soit complètement résorbée et les poireaux, fondants.

3) Sur une planche, à l'aide d'un couteau, couper les noix de Saint-Jacques en tranches fines.

4) Enduire la plaque à pizza d'un peu d'huile. Abaisser la pâte avec un rouleau à pâtisserie jusqu'à obtenir une galette très fine. Placer la pâte sur la plaque. Pincer les bords pour obtenir un rebord. Piquer la pâte avec une fourchette.

5) Tartiner le fond de tarte avec la crème fraîche.

6) Étaler les poireaux sur la crème et répartir les lamelles de coquilles Saint-Jacques. Saler et poivrer.

7) Faire cuire en bas du four, à 250 °C (th. 8-9), pendant 12 à 15 minutes.

INGRÉDIENTS

› 700 G DE POIREAUX
› 2 CUIL. À SOUPE D'HUILE D'OLIVE
› 1 CUIL. À CAFÉ DE CURRY
› 4 NOIX DE SAINT-JACQUES
› 360 G DE PÂTE À PAIN (P. 8)
› 4 CUIL. À SOUPE DE CRÈME FRAÎCHE ÉPAISSE
› SEL, POIVRE DU MOULIN.

6 PERS.
FACILE
ÉCONOMIQUE

Tarte flambée libanaise à la fleur de thym

Préparation / 30 min - Repos / 30 min - Cuisson / 55 min

1) Couper l'aubergine en deux dans le sens de la longueur, la saupoudrer de sel et laisser dégorger dans une passoire 30 minutes.

2) Éponger les moitiés d'aubergine avec du papier absorbant, les placer dans un plat et cuire à four moyen, à 180 °C (th. 6), pendant 40 à 45 minutes. Vérifier la cuisson en plantant un couteau : lorsqu'elles sont tendres, les retirer du four.

3) À l'aide d'une cuillère, enlever la chair de l'aubergine et la placer dans un mixeur avec le tahini, le yaourt, le jus de citron, le cumin, du sel et du poivre. Mixer le tout.

4) Fariner le plan de travail, abaisser la pâte très finement avec un rouleau à pâtisserie, en lui donnant une forme ronde. Huiler une plaque à pizza de 35 cm de diamètre et y placer la pâte en façonnant de petits rebords. Piquer le fond de tarte, à plusieurs reprises, avec une fourchette.

5) Garnir de purée d'aubergine puis saupoudrer de thym et de graines de sésame. Saler, poivrer. Faire couler l'huile d'olive en filet sur la tarte.

6) Enfourner 12 minutes à 250 °C (th. 8-9), en position basse du four.

7) Lorsque les bords prennent une légère coloration, retirer la tarte du four et servir immédiatement.

Servir de préférence en apéritif accompagné par exemple d'un taboulé libanais au persil.

INGRÉDIENTS

› 1 AUBERGINE
› 1 CUIL. À SOUPE DE TAHINI (CRÈME DE SÉSAME)
› 1 YAOURT
› LE JUS DE 1/2 CITRON
› 1 CUIL. À CAFÉ DE CUMIN EN POUDRE
› 360 G DE PÂTE À PAIN À L'HUILE D'OLIVE (P. 8)
› 1 CUIL. À SOUPE DE FLEUR DE THYM
› 1 CUIL. À SOUPE DE GRAINES DE SÉSAME
› 1 CUIL. À SOUPE D'HUILE D'OLIVE
› SEL, POIVRE DU MOULIN.

6 PERS.
TRÈS FACILE
ÉCONOMIQUE

Tarte flambée aux champignons gratinés

Préparation / 25 min - Cuisson / 25 min

1) Après avoir retiré les bouts terreux, laver soigneusement les champignons puis les détailler en fines lamelles. Faire chauffer le beurre et y faire revenir les champignons pendant 10 minutes environ, à feu doux. Saler et poivrer. Remuer fréquemment.

2) Ôter le gras du jambon et le placer dans le bol du mixeur. Donner quelques tours de mixeur pour le hacher grossièrement.

3) Dans un bol, assaisonner la crème avec du sel, du poivre et la muscade.

4) Sur un plan de travail légèrement fariné, abaisser finement la pâte à pain, avec un rouleau à pâtisserie, jusqu'à 1,5 mm d'épaisseur environ. Graisser une plaque à pizza de 35 cm de diamètre. Disposer la pâte sur la plaque, piquer le fond de tarte avec la pointe d'une fourchette. En plisser le contour pour former un petit bourrelet.

5) Étaler la crème, disposer les champignons. Saler, poivrer, ajouter le jambon puis le comté râpé.

6) Cuire à 250 °C (th. 8-9), dans le bas du four, pendant 8 à 10 minutes.

7) Placer ensuite la plaque à pizza en haut du four, passer en mode gril et laisser gratiner 4 à 5 minutes environ.

INGRÉDIENTS

› 250 G DE CHAMPIGNONS DE PARIS
› 20 G DE BEURRE
› 150 G DE JAMBON BLANC
› 20 CL DE CRÈME FRAÎCHE ÉPAISSE
› UNE PINCÉE DE NOIX DE MUSCADE
› 360 G DE PÂTE À PAIN (P. 8)
› 100 G DE COMTÉ RÂPÉ
› SEL, POIVRE.

6 PERS.
FACILE
PEU CHER

Tarte flambée aux légumes grillés

Préparation / 35 min - Cuisson / 32 min

1) Laver et sécher les légumes. Retirer les extrémités de la courgette et de l'aubergine. Les couper en tranches d'environ 1 cm d'épaisseur, dans le sens de la longueur.

2) Ouvrir le poivron en deux, en retirer la queue, les pépins et les membranes blanches. Le détailler en lanières.

3) Disposer les légumes sur la plaque du four. Huiler les tranches de chaque côté. Enfourner 10 minutes à 250 °C (th. 8-9) puis retourner chaque morceau de légume. Prolonger la cuisson 10 minutes pour faire dorer l'autre côté. Lorsque les légumes sont tendres et dorés, les retirer du four.

4) Placer les tomates dans un mixeur avec le fromage blanc, saler, poivrer puis mixer.

5) Laver et sécher les branches de basilic, détacher les feuilles des branches puis hacher le tout. Couper la mozzarella en tranches. Sur un plan de travail fariné, aplatir la pâte avec un rouleau à pâtisserie à 2 mm d'épaisseur, en lui donnant une forme rectangulaire. Huiler la plaque du four et y placer la pâte. Plisser les extrémités pour obtenir un petit rebord. Percer la pâte de quelques trous avec une fourchette. Répartir la sauce à la tomate sur le fond de tarte. Ranger les légumes en les alternant. Disposer les rondelles de mozzarella. Ajouter le basilic, saler et poivrer puis arroser le tout d'un filet d'huile d'olive. Mettre au four à 250 °C (th. 8-9) et laisser cuire 12 minutes, en position basse.

INGRÉDIENTS

- 1 COURGETTE
- 1 AUBERGINE
- 1 POIVRON ROUGE
- 2 TOMATES PELÉES ET ÉPÉPINÉES
- 2 CUIL. À SOUPE DE FROMAGE BLANC
- 7 BRANCHES DE BASILIC
- 150 G DE MOZZARELLA
- 360 G DE PÂTE BRISÉE (P. 8)
- 5 CUIL. À SOUPE D'HUILE D'OLIVE
- SEL, POIVRE DU MOULIN.

6 PERS.
TRÈS FACILE
PEU CHER

Tarte flambée aux poivrons et au cheddar

Préparation / 30 min - Cuisson / 30 min

1) Couper les poivrons en deux puis retirer les pépins et les membranes blanches. Les détailler en fines lanières.

2) Dans une poêle, faire chauffer l'huile d'olive. Ajouter les poivrons et faire revenir pendant 15 minutes à feu moyen en remuant de temps en temps avec une spatule en bois. Quand les poivrons sont moelleux, les retirer du feu et les égoutter sur du papier absorbant.

3) Mélanger la crème et la moutarde dans un saladier. Ajouter l'ail haché. Assaisonner avec du sel et du poivre.

4) Utiliser un rabot à fromage pour couper le cheddar en tranches fines.

5) Étaler la pâte à pain avec un rouleau à pâtisserie jusqu'à ce qu'elle atteigne 1,5 à 2 mm d'épaisseur.

6) Huiler une plaque à pizza de 35 cm de diamètre. Y disposer la pâte, retirer l'excès de pâte et plisser les contours pour former un bourrelet. Piquer la pâte avec une fourchette.

7) Garnir le fond de tarte de la préparation crème-moutarde puis y ranger les poivrons. Saler et poivrer puis ajouter les tranches de cheddar. Parsemer le tout de thym et de romarin.

8) Placer la tarte en position basse du four et faire cuire pendant 12 à 15 minutes à four chaud, à 250 °C (th. 8-9).

9) Pendant ce temps, laver et essorer les épinards.

10) Retirer la tarte du four et décorer avec les pousses d'épinard. Servir chaud.

INGRÉDIENTS

› 2 POIVRONS ROUGES
› 1 POIVRON JAUNE
› 2 CUIL. À SOUPE D'HUILE D'OLIVE
› 1 CUIL. À SOUPE DE CRÈME FRAÎCHE ÉPAISSE
› 1 CUIL. À SOUPE DE MOUTARDE
› 1 GOUSSE D'AIL HACHÉE
› 150 G DE CHEDDAR
› 360 G DE PÂTE À PAIN (P. 8)
› THYM ET ROMARIN
› 50 G DE POUSSES D'ÉPINARD
› SEL, POIVRE DU MOULIN.

6 PERS.
TRÈS FACILE
ÉCONOMIQUE

Tarte flambée aux tomates cerise

Préparation / 20 min - Cuisson / 15 min

1) Laver et sécher les tomates, les couper en deux.

2) Laver, sécher la ciboulette et la hacher finement.

3) Dans un bol, mélanger le fromage blanc avec les herbes, du sel et du poivre. Goûter et corriger l'assaisonnement si nécessaire.

4) Retirer la peau sur la base et le sommet des crottins. Faire de petits copeaux à l'aide d'un épluche-légumes.

5) Sur un plan de travail légèrement fariné, étaler la pâte à pain le plus finement possible avec un rouleau à pâtisserie. Foncer avec cette pâte une plaque à pizza préalablement huilée. Plisser les contours pour former un petit bourrelet puis piquer le fond de tarte avec une fourchette.

6) Étaler le mélange de fromage blanc et d'herbes sur la pâte. Disposer les tomates cerise. Saler et poivrer puis parsemer de copeaux de fromage.

7) Enfourner 12 à 15 minutes à 250 °C (th. 8-9) en bas du four. Retirer la tarte quand les bords commencent à dorer et servir.

INGRÉDIENTS

› 180 G DE TOMATES CERISE
› 7 BRINS DE CIBOULETTE
› 4 CUIL. À SOUPE DE FROMAGE BLANC
› 2 CROTTINS DE CHAVIGNOL UN PEU SECS
› 360 G DE PÂTE À PAIN À L'HUILE D'OLIVE (P. 8)
› SEL, POIVRE DU MOULIN.

6 PERS.
FACILE
ÉCONOMIQUE

Tarte flambée au chèvre et au miel

Préparation / 30 min - Cuisson / 30 min

1) Retirer la queue des épinards. Les laver soigneusement. Faire chauffer 2 l d'eau salée. Quand l'eau arrive à ébullition, y jeter les épinards et laisser cuire 15 minutes.

2) Dans un bol, assaisonner la crème fraîche avec du sel et du poivre. Goûter et rectifier l'assaisonnement si nécessaire.

3) Couper le chèvre en tranches fines.

4) Piler les noisettes avec un petit mortier.

5) Égoutter les épinards et les mixer en une purée fine. Les ajouter à la pâte à pain.

6) Sur un plan de travail légèrement fariné, étaler très finement la pâte avec un rouleau à pâtisserie. Graisser la plaque du four avec un peu d'huile puis y disposer la pâte. Retirer l'excès de pâte et froncer les contours pour faire un rebord. Piquer la pâte à l'aide d'une fourchette.

7) Étaler la crème sur le fond de tarte, puis les rondelles de chèvre. Saupoudrer de noisettes pilées. Faire couler le miel en filet sur la préparation.

8) Enfourner pour 12 à 15 minutes, en bas du four, à 250 °C (th. 8-9).

INGRÉDIENTS

› 200 G D'ÉPINARDS
› 4 CUIL. À SOUPE DE CRÈME FRAÎCHE
› 120 G DE CHÈVRE LONG
› 60 G DE NOISETTES DÉCORTIQUÉES
› 360 G DE PÂTE À PAIN (P. 8)
› 1 CUIL. À SOUPE DE MIEL LIQUIDE
› SEL, POIVRE DU MOULIN.

6 PERS.
FACILE
PEU CHER

Tarte flambée napolitaine

Préparation / 35 min - Repos / 1 h - Cuisson / 12 min

1) Détacher les feuilles de basilic de leurs tiges, les laver à l'eau froide. Garder quelques feuilles pour la décoration. Ciseler finement le reste des feuilles.

2) Dans un bol, mélanger soigneusement avec une spatule en bois, les tomates coupées en dés, l'ail, le basilic, l'huile d'olive, du sel et du poivre. Couvrir et laisser mariner, à température ambiante, pendant 1 heure.

3) Détailler les olives en lamelles et les anchois en petits morceaux. Couper ensuite la mozzarella en tranches.

4) Lorsque la préparation a bien mariné, y ajouter les olives et les anchois puis mélanger à nouveau.

5) Abaisser très finement la pâte à pain avec un rouleau à pâtisserie, sur un plan de travail légèrement fariné.

6) Huiler une plaque à pizza et y disposer la pâte, plisser les bords pour former un petit bourrelet. Percer la pâte de petits trous, avec une fourchette.

7) Étaler la préparation sur le fond de tarte. Saler et poivrer légèrement.

8) Enfourner à 250 °C (th. 8-9) en position basse du four. Au terme de 7 minutes, sortir la tarte du four et ajouter les tranches de mozzarella. Replacer dans le four pendant encore 5 minutes puis arrêter la cuisson. Décorer de basilic.

INGRÉDIENTS

- 1 BOUQUET DE BASILIC
- 6 TOMATES PELÉES ET ÉPÉPINÉES
- 1 GOUSSE D'AIL HACHÉE
- 7 CUIL. À SOUPE D'HUILE D'OLIVE
- 150 G D'OLIVES NOIRES DÉNOYAUTÉES
- 75 G DE FILETS D'ANCHOIS
- 125 G DE MOZZARELLA
- 360 G DE PÂTE À PAIN À L'HUILE D'OLIVE (P. 8)
- SEL, POIVRE.

6 PERS.
FACILE
PEU CHER

Tarte flambée aux poires et au gorgonzola

Préparation / 25 min - Cuisson / 20 min

1) Peler les poires et les couper en fines lamelles. Dans une poêle, faire fondre le beurre, puis faire revenir les poires pendant 3 à 4 minutes, sur feu vif, en remuant avec une spatule en bois. Éteindre le feu et égoutter les poires dans une passoire.

2) Couper le gorgonzola en petits dés. Le placer dans une casserole avec la crème fraîche, une pincée de sel et un tour de moulin à poivre. Laisser fondre le mélange à feu très doux pendant 2 à 3 minutes, sans cesser de remuer avec une cuillère en bois.

3) Fariner un plan de travail puis y étaler la pâte au rouleau à pâtisserie en une galette de 2 mm d'épaisseur. Graisser une plaque à pizza d'environ 35 cm de diamètre. Disposer la pâte sur la plaque, ôter l'excès puis façonner un petit rebord en roulant le tour de la tarte. Avec la pointe d'une fourchette, percer de petits trous dans le fond de tarte.

4) Avec la spatule en bois, étaler le mélange à base de gorgonzola sur la pâte. Disposer ensuite les tranches de poire, saler et poivrer.

5) Enfourner à 250 °C (th. 8-9) et cuire pendant 12 à 15 minutes, en position basse.

6) Retirer la tarte du four quand les bords de la tarte commencent à dorer.

Servir chaud accompagné d'une salade verte aux noix.

INGRÉDIENTS

› 4 POIRES
› 30 G DE BEURRE
› 200 G DE GORGONZOLA
› 2 CUIL. À SOUPE DE CRÈME FRAÎCHE
› 360 G DE PÂTE À PAIN (P. 8)
› SEL, POIVRE DU MOULIN.

6 PERS.
TRÈS FACILE
PEU CHER

Tarte flambée au munster et au cumin

Préparation / 20 min - Cuisson / 15 min

1) Peler les oignons, les couper en rondelles très fines.

2) Ôter la croûte du munster et le détailler en fines lamelles.

3) Dans un saladier, mélanger la crème avec les graines de cumin, du sel et du poivre.

4) Étaler un peu de farine sur le plan de travail puis, à l'aide d'un rouleau à pâtisserie, abaisser la pâte plusieurs fois jusqu'à ce qu'elle atteigne 1 à 2 mm d'épaisseur. Huiler une plaque à pizza d'environ 35 cm de diamètre. Y placer la pâte et en pincer les contours pour obtenir un bord d'environ 5 mm.

5) Recouvrir le fond de tarte avec la crème, répartir les rondelles d'oignon puis les lardons. Saler, poivrer et ajouter le munster.

6) Enfourner en position basse à 250 °C (th. 8-9) pendant 12 à 15 minutes.

INGRÉDIENTS

› 2 OIGNONS
› 300 G DE MUNSTER
› 4 CUIL. À SOUPE DE CRÈME FRAÎCHE ÉPAISSE
› 1 CUIL. À SOUPE DE GRAINES DE CUMIN
› 360 G DE PÂTE BRISÉE (P. 8)
› 80 G DE PETITS LARDONS
› SEL, POIVRE.

4 PERS.
FACILE
ÉCONOMIQUE

Tuiles flambées à la ricotta

Préparation / 30 min - Cuisson / 12 min

1) Laver et égoutter les pousses d'épinard dans une passoire. Ôter les tiges.

2) Faire chauffer l'huile d'olive, ajouter les épinards et l'ail. Saler, poivrer et laisser cuire sur feu moyen pendant environ 5 minutes en remuant de temps en temps. Baisser le feu au minimum et ajouter la ricotta, mélanger pendant environ 2 minutes puis, lorsque le mélange est homogène, éteindre le feu. Mixer la préparation.

3) Battre les blancs d'œufs quelques instants pour les liquéfier.

4) Dans un saladier, mélanger la farine et le beurre puis y incorporer les blancs battus.

5) Beurrer la plaque du four. Avec une cuillère, prélever de petites quantités de pâte et les étaler en leur donnant une forme ovale, de manière à former une tuile.

6) Garnir chaque tuile d'un peu de préparation à base de ricotta et d'épinards.

7) Cuire pendant 6 minutes à 180 °C (th. 6).

8) Sortir les tuiles du four puis les rouler sur le rouleau à pâtisserie, tant qu'elles sont encore chaudes, pour leur donner forme.

Servir ces tuiles en entrée ou à l'apéritif, accompagnées par exemple de tomates et de poivrons marinés.

INGRÉDIENTS

› 300 G DE POUSSES D'ÉPINARD
› 2 CUIL. À SOUPE D'HUILE D'OLIVE
› 1 GOUSSE D'AIL HACHÉE
› 150 G DE RICOTTA
› 2 BLANCS D'ŒUFS
› 40 G DE FARINE
› 40 G DE BEURRE RAMOLLI
› SEL, POIVRE.

4 PERS.
FACILE
PEU CHER

Tartelettes flambées aux abricots

Préparation / 30 min - Cuisson / 25 min

1) Laver les abricots, retirer les noyaux et les couper en lamelles très minces.

2) Répartir un peu de farine sur le plan de travail puis y étaler très finement la pâte avec un rouleau à pâtisserie. Découper 4 disques de 14 cm de diamètre. Recouvrir la plaque du four de papier sulfurisé et y déposer les fonds de tarte. Retourner 5 mm de pâte tout autour de chaque tartelette pour former un bord puis en piquer le fond avec une fourchette.

3) Disposer les tranches d'abricot, en rosace, sur les tartelettes.

4) Laver l'orange. Avec un épluche-légumes, prélever un zeste d'environ 4 cm de long. Verser les jaunes d'œufs dans un récipient, ajouter 80 g de sucre. Mélanger plusieurs minutes avec une cuillère en bois jusqu'à obtenir un mélange lisse. Ajouter le porto et le zeste d'orange et mélanger à nouveau.

5) Cuire, au bain-marie, à feu très doux sans cesser de fouetter le mélange avec une fourchette ou un fouet. Lorsque la consistance est devenue mousseuse, arrêter la cuisson et réserver.

6) Enfourner les tartes à 250 °C (th. 8-9) pendant 7 à 8 minutes.

7) Les sortir du four sans l'éteindre. Répartir le sabayon sur chaque tartelette et saupoudrer avec le sucre restant.

8) Mettre à cuire à nouveau pendant 3 à 4 minutes. Laisser refroidir puis servir.

Cette recette se réalise de la même façon avec des abricots naturels.

INGRÉDIENTS

› 6 ABRICOTS
› 180 G DE PÂTE BRISÉE (P. 8)
› 1 ORANGE
› 4 JAUNES D'ŒUFS
› 100 G DE SUCRE ROUX
› 10 CL DE PORTO.

6 PERS.
FACILE
CHER

Tarte flambée aux figues safranées

Préparation / 35 min - Cuisson / 30 min

1) Laver et sécher la moitié des figues, les couper en rondelles en conservant la peau. Réserver.

2) Dans un bol, vider l'autre moitié des figues de leur chair et les écraser à la fourchette. Ajouter le safran et mélanger soigneusement l'ensemble avec une cuillère en bois.

3) Étaler la pâte brisée au rouleau jusqu'à ce qu'elle atteigne 2 mm d'épaisseur. Huiler une plaque à pizza ou un moule à tarte de 35 cm de diamètre.

4) Y disposer la pâte, ôter l'excès de pâte en conservant 5 mm de surplus. Replier le surplus sur la tarte pour faire une petite bordure.

5) Avec une spatule en bois, étaler la purée de figues sur le fond de tarte, disposer au-dessus les rondelles de figue réservées.

6) Enfourner pour 12 à 15 minutes à 250 °C (th. 8-9).

7) Pendant ce temps, presser le jus de l'orange puis fendre la gousse de vanille en deux dans le sens de la longueur.

8) Mettre le vin dans une casserole avec le jus d'orange, le sucre, la vanille, le bâton de cannelle et la muscade râpée. Mélanger puis, sur feu doux, laisser réduire sans remuer pendant 15 minutes environ jusqu'à ce que le mélange épaississe et prenne la consistance d'un sirop.

9) Retirer le bâton de cannelle et la gousse de vanille du sirop de vin et verser sur la tarte. Laisser refroidir et servir.

INGRÉDIENTS

› 800 G DE FIGUES FRAÎCHES
› 1 DOSE DE SAFRAN EN POUDRE
› 360 G DE PÂTE BRISÉE (P. 8)
› 1 ORANGE
› 1 GOUSSE DE VANILLE
› 20 CL DE VIN
› 50 G DE SUCRE ROUX
› 1 BÂTON DE CANNELLE
› UNE PINCÉE DE MUSCADE RÂPÉE.

6 PERS.
TRÈS FACILE
ÉCONOMIQUE

Tarte flambée aux pommes et à la verveine

Préparation / 25 min - Cuisson / 40 min

1) Faire bouillir 30 cl d'eau et y laisser infuser le sachet de tisane à couvert pendant 15 minutes.

2) Éplucher les pommes, les couper en quatre, ôter le cœur et les pépins. Détailler chaque quartier en tranches de 1 cm d'épaisseur. Placer les pommes dans une sauteuse, recouvrir d'infusion de verveine, ajouter le sucre et le sucre vanillé. Laisser cuire à feu moyen pendant 10 à 15 minutes jusqu'à ce que les pommes soient fondantes. Lorsque les pommes sont cuites, les retirer de la sauteuse avec une écumoire et les placer dans une passoire pour les égoutter, en prenant soin de ne pas les casser. Laisser la sauteuse sur le feu pour que le liquide épaississe en sirop.

3) Abaisser la pâte à pain très finement. Avec un pinceau de cuisine, huiler une plaque à pizza de 35 cm de diamètre et y placer la pâte. Replier les contours sur la tarte pour façonner une bordure puis piquer le fond de tarte avec une fourchette.

4) Étaler la marmelade d'oranges. Disposer les tranches de pomme en rosace puis les arroser de sirop.

5) Enfourner pour 12 à 15 minutes à 250 °C (th. 8-9) en plaçant la tarte dans le bas du four.

INGRÉDIENTS

› 1 SACHET DE TISANE À LA VERVEINE
› 400 G DE POMMES
› 90 G DE SUCRE EN POUDRE
› 1 SACHET DE SUCRE VANILLÉ
› 360 G DE PÂTE À PAIN (P. 8)
› 4 CUIL. À SOUPE DE MARMELADE D'ORANGES.

4 PERS.
TRÈS FACILE
ÉCONOMIQUE

Tarte fine au sucre

Préparation / 15 min - Cuisson / 12 min

1) Étaler la pâte brisée sur un plan de travail fariné au préalable.

2) Renverser une assiette d'environ 25 cm de diamètre, sur la pâte et avec un couteau, à 1/2 cm du bord de l'assiette, découper un disque. Sur la plaque du four, déposer une feuille de papier sulfurisé et y placer la pâte. Rouler les contours de la tarte pour former un petit rebord puis piquer le fond de tarte avec une fourchette.

3) Dans un saladier, battre au fouet ou au batteur électrique 50 g de sucre, le fromage blanc et l'œuf.

4) Verser la préparation au fromage blanc sur la tarte. Saupoudrer avec le sucre restant. Répartir le beurre divisé en petites noisettes.

5) Enfourner à 250 °C (th. 8-9) et cuire pendant 10 à 12 minutes en position basse.

6) Lorsque les bords de la tarte commencent à dorer, sortir la tarte du four et laisser refroidir un peu. Servir tiède.

INGRÉDIENTS

› 180 G DE PÂTE BRISÉE (P. 8)
› 80 G DE SUCRE EN POUDRE
› 75 G DE FROMAGE BLANC
› 1 ŒUF
› 40 G DE BEURRE.

Table des matières

Dépôt légal 1er trim. 2007 - n° 3 229

Imprimé en U.E.